AF563595

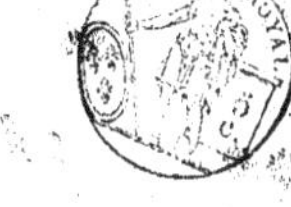

MÉTHODE ET EXERCICES

Pour apprendre à nommer les notes.

Prix: 2 Fr.

Les sons ou notes sont au nombre de sept qui se nomment: UT, RÉ, MI, FA, SOL, LA, SI. Pour point de repos, on ajoute à cette Série du coté de l'aigu, un huitième son (UT), qui n'est autre chose qu'une replique ou l'octave de la premiere.

UT RÉ MI FA SOL LA SI UT — en montant — UT replique ou octave UT — en descendant — SI LA SOL FA MI RÉ UT

Cette succession de huit notes se nomme ÉCHELLE ou GAMME DIATONIQUE.

Cette gamme peut etre prolongée autant que le permet l'étendue de l'instrument par la replique des mêmes notes du coté de l'aigu et du coté du grave.

Pour les écrire, on se sert de figures qu'on nomme NOTES; de plus, d'une portée de Cinq Lignes, dont la plus basse se nomme la première, la suivante, la seconde, etc. et la plus élevée, la cinquième.

Exemple:

5e
4e
3e
2e
1ère

Outre les cinq lignes qui composent la portée, on se sert encore de petites lignes supplémentaires ou additionnelles, (1)

Exemple:

EXERCICES PROGRESSIFS.

1er MODÈLE:

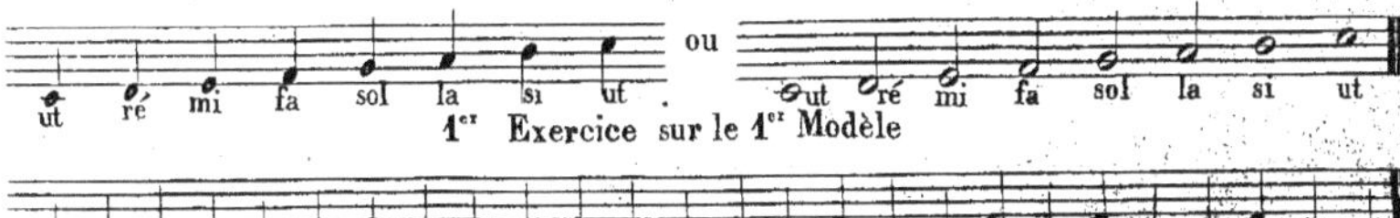

1er Exercice sur le 1er Modèle

(1) on parlera des clefs plus tard.

L'élève commencera par distinguer quelle place la note occupe sur ou entre les lignes; ensuite il cherchera la note pareille dans le modèle N°1 pour connaître sa dénomination.

Avant de passer au 2.e Exercice il faut être en état de nommer le 1.er Exercice aussi vîte que le permet la prononciation, ce qu'on observera aussi pour les exercices suivans, autrement, l'élève s'embrouillerait.

5.ᵉ MODÈLE:

Exercice:

EXERCICE GÉNÉRAL:

ÉCHELLE contenant toutes les notes des exercices précédens

On remarquera qu'il y a trois Octaves dans ce total, ce qui fait trois degrés de hauteur pour chaque son, et à peu près la moitié de l'étendue du piano.

Pour ne pas multiplier les lignes, on se sert de signes que l'on place au commencement de la portée et qui ont pour objet de déterminer la position des notes; ces signes se nomment CLEFS. Pour le Piano on en distingue deux sortes, savoir: la CLEF de SOL et la CLEF de FA. La première détermine par son point final le SOL sur la seconde ligne. On s'en sert pour le dessus du piano. Comme les premiers exercices sont posés pour le piano à Cinq Octaves on se contentera pour le moment de ces notes pour le dessus ou CLEF de SOL.

DE LA CLEF DE FA.

La CLEF de FA indique le FA par les deux points audessus et audessous de la ligne où ils sont posés. Exemple Ce FA est le son qui fait suite immédiatement du coté du grave au SOL le plus bas de la CLEF de SOL. fa sol Ce qui prouve que la CLEF de FA descend les notes de douze tons. Ainsi le RE de la CLEF de SOL devient FA, posé dans une portée de CLEF de FA et l'UT à la CLEF de SOL se nommera MI à la CLEF de FA, ainsi de suite.

Sachant bien la CLEF de SOL on s'exercera à descendre chaque note de douze tons, ou, ce qui vaudra mieux, on montera de deux tons, parceque cela produit le même résultat pour la dénomination. Pour en prendre l'habitude, on fera les exercices suivans.

1.er Exercice pour la clef de fa:

La note qui se nomme UT à la clef de sol se nomme MI à la clef de fa;

______ RÉ ______ FA ______

______ MI ______ SOL ______

______ FA ______ LA ______

______ SOL ______ SI ______

______ LA ______ UT ______

______ SI ______ RÉ ______

Quand l'élève sera bien familiarisé avec ce premier Exercice il passera au 2.e

2.e EXERCICE:

Pour cet exercice il faut toujours nommer de suite les notes qui occupent la même place dans les deux clefs, en commençant par la clef de sol, puisque c'est d'après celle ci qu'on apprend la clef de fa. De cette manière on ne confondra pas l'une avec l'autre.

Pour la clef de fa il y a encore trois notes à apprendre séparément, les quelles ne paraissent pas à la clef de sol.

DERNIER EXERCICE, où les notes ne sont posées que dans une portée de clef de FA. Il faut tacher de parvenir à les nommer correctement sans hésiter.

EXERCICE GÉNÉRAL POUR LES DEUX CLEFS.

Il faut parvenir à nommer les deux lignes en même tems quoi qu'elles indiquent des notes différentes, c'est à dire, nommer la première note de la clef de sol et la première de la clef de fa, et dire RÉ, UT, ensuite pour la 2.e de même et dire FA, MI, et pour la 3.e SI, MI; ainsi de suite.

www.ingramcontent.com/pod-product-compliance
Lightning Source LLC
LaVergne TN
LVHW010340230826
846091LV00009B/3954

* 9 7 8 2 0 1 9 9 9 5 5 8 4 *